GROLLÆ OBSIDIO
CVM ANNEXIS
Anni cIɔ Iɔc XXVII.

H v g. G r o t i o Auctore.

AMSTELREDAMI
Apud Gvilielmvm Blaevw.
M. DC. XXIX.

In the interest of creating a more extensive selection of rare historical book reprints, we have chosen to reproduce this title even though it may possibly have occasional imperfections such as missing and blurred pages, missing text, poor pictures, markings, dark backgrounds and other reproduction issues beyond our control. Because this work is culturally important, we have made it available as a part of our commitment to protecting, preserving and promoting the world's literature. Thank you for your understanding.

GROLLÆ
OBSIDIO
CVM ANNEXIS
Anni cIɔ Iɔc xxvii.

IBAT in æstatem annus qui Christianis post mille sexcentos vicesimus septimus, nihil adhuc in Batavos movente Hispano, dum satis habet attritum sumtuoso Bredæ obsidio ærarium otio refovere, & copiarum aliquid ostentare ad Germaniæ fines, augendo terrori in eos qui Austriacæ domui adversabantur, quo Tiliaci ac Wallestenii arma in Daniæ regem facilius procederent. Majora audere & hoc vetabatur, quod ab Americana Batavorum societate missus Eremita terrorem utroque Oceano circumferens Hispanicos ex eo orbe proventus, maxima bellorum alimenta, non corruperat quidem, sed detentaverat. His qui federatas Belgicogermaniæ nationes curabant non idem animus, sua quoque respectante, qui mos libertatis siquando nimia est, cujus vitia non alius magis quam hunc antecedens annus ostenderat: dum recenti Friderici Henrici Arausionensium Principis, qui in præfecturam fratri Mauritio successerat, auctoritate Transrhenani populi in sua, Zelandi in Hulstum trahunt: quo certamine distractis ut studiis ita viribus occasio in utrumque effluxerat. Nunc Hollandi & Zelandi maritimæ nationes quicquid erat præsentis pecuniæ aut quod fide contrahi poterat vertendum censebant in maris tutelam, novæ opis sane egentem, ex quo vectigal quo ista onera præcipue sustentabantur defecerat, abruptis nuper ab Hispano mutuis mercium ex hostico in hosticum travectionibus, quæ priore bello hinc ob publicos usus, inde ob privatorum necessitates tolerabantur. Inevitabili malo aliud ex culpa accedens, dum res maris ad Mosam maxime quorundam scelere, cæterorum neglectu, certe non ex fide tractatur, & nautarum stipendia male procedunt, partim transfugiis, partim justæ

A 2   mercedis

mercedis desperatione quod erat roboris navibus abduxerat: quo Dunquercani & qui his proxima tenent, qua sola & exigua parte Hispanorum Belgica Oceano admovetur, eo venerant audaciæ, ut terrendo naves bellicas, cæteras mergendo aut rapiendo agerent quasi ex parte possessores maris quod hactenus non nisi per furta attentaverant, Marchione Ambrosio Spinola in hanc curam non minus quam in terrestre bellum incumbente, quippe gnaro illa parte virium cætera hostium stare; quapropter supra publica stipendia etiam privatos ad armandas naves spe prædæ & per Hispaniam commercii illexerat. At Transrhenani quæ proximo anno post nudatam mœnibus Oldensaliam agitata, Vesaliam, Lingam, Grollam repetere, & quo major educeretur exercitus, ad supplenda præsidia pro tempore octo militum millia ære prærogato offerre. Ipse Princeps Henricus mari non minus quam militiæ præpositus, indivulso etiam antiquitus apud Hollandos ob regionis ingenium utroque imperio, accedebat maris curam commendantibus: simul nota ducum prudentia, ne auctores habeantur eorum quæ contra cadere possunt, haud omittebat monstrare pericula: Vesaliæ obsidium multo egere milite nec qui terra aditus tantum sed & qui Rheni transitum custodirent: Lingam longe à finibus & abductis reipublicæ viribus promtum hosti in alia & pretio majore incumbere: Grollam milite, munimentis, machinis firmam & quod præcipuum ab amnibus abesse quinque horarum itinere: unde liberum Hispano turbare commeatus aut incedere prælio, quod & subire anceps & detrectare indecorum, in posterum quoque fiduciam hostibus additurum. Prævaluit tamen de Grolla consilium his quæ tum prævideri poterant sane dubium, eventu magnificum, exsequente Principe tanta alacritate ac diligentia quasi non alius suasisset. Igitur octo quæ diximus millia subitarii militis servando limiti attributa, quod Hispanicarum copiarum Cæsarowartam usque Montensi ditione processerat, attinuere ne interiora Germaniæ peterent. Exercitus ipse, equites terra, pedites amnibus, quo minor impensa esset, convenire jussi in locum ubi Rhenus in sui nominis alveum & Vahalim scissus insulam facit quam Batavorum etiam veteres appellavere, sed nomen olim mari tenus continuum nunc in superna parte quæ Geldrici juris est residet. At per flumina iter ut pecuniæ parcens ita ventorum incertis subjectum

spem

OBSIDIO.

spem tunc etiam fefellit, ut decem prope diebus quam destinatum serius copiæ quo condictum pervenirent, quo temporis spatio (neque enim desunt talium nuntii) facile hostis justum & ipse exercitum educere potuit, haud dubie Batavis agitata corrupturus; sed quod frequens illis partibus haud satis provisum ut pecunia, quæque alia movendo agmini opus in parato essent: neque crediderant id hostibus animi ac virium, ut amnibus absitum atque istis munimentis locum impeterent. Iuvit nonnihil & fraus Nassavii Principis qui in Iuliacensem ripam (Gallica olim dicebatur cum Germaniam Rhenus clauderet) manum miserat adæquandis viis qua parte Gocha oppidum est, quasi imminens operi quod sub finem anteacti autumni cæptum neque dum perfectum Bercam & Venloam inter Hispani viginti & quatuor stationibus insidebant. Fossa ea erat Rheno Mosam jungens, spe ad Scaldim usque ducendi ut ferrum, æs, lignum & quæ alia Germanicum fert solum Batavorum commodis intercepta in Brabantiam navigarent. Eadem limes interjiciebatur ne Batavorum eques, ut antehac sæpe, Belgarum extrema quateret, quin & Germaniæ agros cis Rhenum sitos in pabulum prædamque verteret. Admonuerat & Mansfeldii transitus qui Bergarum ad Zomam obsidium intercisis jam commeatibus gravo, nondum tamen ut desperaretur, abrumpere coegerat, ac non ita dudum paria consilia apud Gallos & Britannos sermonibus jactata, præcludendum externis ad hostem auxiliis saltem terrestre iter. Nam quod rumores addiderant posse ex Rheno, qua adhuc unus est aquas in Mosam deduci, ac sic flumina in quæ ille se dividit, præcipua Batavorum munimenta, vadis pervia fieri, situs locorum mire inæqualis adeo refellit, ut ad impléndam fossam aqua ex Nirsa paulum absito amne & quicquid circum humescit colligi tribusque septis retineri adversus siccitatem debuerit. In hanc curam dum hostis dimovetur, peditatum Princeps navibus exemtum tribus dispertit agminibus. Centuriæ erant centum & octo supra sexaginta. Equitatus turmis quinquaginta & quinque bipartito jussus incedere, ductu Thomæ Staquenbrouquii, qui per justos gradus ac merita ad secundum equestris militiæ gradum ascenderat, primum magistri equitum sibi adhuc servante Principe quo sub fratre functus quondam fuerat. Aderant tormenta variæ magnitudinis septuagintaquinque: currus mille admodum qui hæc ipsa

tor-

tormenta, nitratumque pulverem & globos, tranfeundis amnibus navigia, pontes fcirpeos, alimenta ferrent & quæcunque faciendis, oppugnandis aut tuendis operibus fupra vetera noftra ætas invênit. Principem dilecti è Federatorum conventu, confilium atque auctoritas, comitabantur. Poftquam Emmerico progreffi campis ftetere, promulgata edicta fanciendæ difciplinæ, quæque utilia fanitati, & ne milites inter fe ex rixis in pugnam ferrentur, qui mos ex Gallicæ nobilitatis calore ortus cæteras nationes contactu inceferat. Provide imperatis addicte paretur, diligentia Smelfingii qui jurifdictioni militari præfidebat. Tertio die (is erat Iulii vicefimus) in confpectu fuit Grolla cum jam noctu prævectus eques ductu Hermanni Ottonis Comitis Stirumbii itinera ad oppidum ferentia occupaffet. Zutfanienfis regio, pars olim Frifiorum cum id nomen latius pateret, nomen habet ab incultis terris & humum non nifi ad ignium pabula præbentibus quas Vennas vocant, & auftrali à cæteris Frifiis pofitu. Ea fuos quondam Comites habuit, & nunc quoque nomen fervat Comitatus, ex quo per matrimonium Sophiæ Wichmanni Comitis filiæ (ea Ottoni Naffavio nupferat) in Geldrorum Principum qui tum Tutores, mox Comites, Ducefque dicti funt, jus traducta fimul in ipfius Geldriæ corpus coaluit. Ad ortum fupra fe habet Cliviam & Monafterienfem Germaniæ partem: infra & ad Septentrionem ea loca quæ poffeffa olim Trajectinis ad Rhenum Epifcopis Tranfifalana ab ipfis dicebantur, manente in hunc diem vocabulo, orto inde quod hanc regionem ab his quæ Trajecto urbi propiora ejufdem ditionis erant, in quibus quondam & Velavia fuit pòft Geldris conceffa, Ifala amnis difterminaret, idem qui & Zutfaniæ agrum ab occafu claudit, olim in lacus fe immergens qui late diductis à fe terris finum maris ingentem fecere quem Frifii primùm, deinde & alii auftralem vocant. Totus hic tractus poft pacem Gandavenfem fecutus arma quæ pro libertate tota prope tunc Belgicogermania ceperat, donec Georgius Lalænius Rennebergius feque & quæ trans Rhenum plurima præfecti titulo tenebat in regis obfequium traduxit. Quæ pars Germaniam fpectat Vredenfibus campis late fe pandit in quibus eft Grolla. Vetus oppido nomen Groenlo quod viride nemus fignificat: fed ut fpeciem loci mutavit longa ætas ita prolationem nominis, quod Germanicis vocibus frequens, contraxit.

Æftate

OBSIDIO.

Æstate anni nonagesimi quinti Princeps Mauritius cum decem millium exercitu hoc oppidum impetere aggressus est, sed superventu Mondragonii, quanquam sexies mille tantum illi pedites, aliquot supra mille equites erant, absistere cœpto quam prælii fortunam experiri, maluit. Sed anno pòst altero, dum Parmensem & regiarum partium vires Gallia detinet, facile Mauritius & hoc oppidum & multa trans Rhenum in Federatorum potestatem redegit. Anno hujus sæculi sexto, quo tempore maximæ fuerunt Hispanorum copiæ & in spes collectæ maximas, Marchio Spinola, cum transire amnes partim per Buquoium, partim ipse variis in locis nequicquam tentasset, huc tandem incubuit, & ut mos ipsi pluris tempus quam militem æstimare, quasi in hoc facile damnum, in illo irreparabilis jactura, festinatis accessibus, cunctis ad terrorem compositis quasi impetu capturus oppidum, verbis insuper minax, extorsit deditionem intra diem quem ferendo obsessis auxilio Mauritius præfiniverat. Sed cum ingentes illi Hispanicarum partium conatus inopiam pecuniæ atque inde seditionem militum gravem peperissent, arrepta occasione Mauritius Grollam quanquam præcipite jam autumno obsidio repetit: & perfecisset, ni subitus adventasset Spinola, multo minore quidem cum exercitu & quantus rebus tum turbidis pretio, prece colligi potuerat, sed prælio paratus cujus incerta pertinaciter vitare fixum Mauritio norat, eoque cuncta audentius periclitabatur. Secutæ induciæ ut cætera belli præmia ita Grollam penes ultimos possessores reliquerant, ex qua nunc Princeps Henricus novo imperio decus quærebat. Situm est plano id oppidum & quia Germaniæ fines attingit muniri cœptum jam olim Principatu Caroli Austriaci inter Imperatores id nomen quinti, qui Trajectinorum Pontificum imperium omne itemque Geldriam emta in se ac posteros suos transtulit. Sed hæc opera ut ipsam muniendi artem auxerat perfeceratque magister talium belli diuturni usus : & per inducias hunc locum juxta Silvamducis & in Flandria Dammam Hulstumque firmare Hispanus curæ suæ duxerat. Excurrunt mœnia lata ac sublimia quinque propugnaculis cunei in formam, ut nunc mos habet, prominentibus, inter quæ totidem intervalla ad rectam normam per angulos propugnaculis junguntur, ut undique ex omni parte oppugnantium latera ad tormentorum jactus pateant. Pedi mœnium agger alius humilior

præten-

prætenditur, succinctum ideo vocant, quo ubicumque visum perforato promtum subeuntes propius rectaque impetere tectis defensorum corporibus. Sequitur fossa quam Slinga amnis oppidum prælabens parte sui inundat. Hanc ultra via est ad jaculatorum militum latebras tuta & ipsa aggere, sed extrorsum leniter devexo, atque ita temperata altitudine ut & ex mœnibus excussi globi transeant & quæ ex hostibus contra è plano intenduntur intactis mœnibus supervolent. Portæ tres oppido Bresurtum, Zutfaniam, Daventriam ferunt. Summum oppidi præsidiique regimen penes Matthæum Dulquium bellandi veterem & expertæ virtutis atque ingenii. Quippe is erat qui anno euntis sæculi secundo arcem Wachtendoncæ astu manuque invaserat, cum tredecim militibus à se in id lectis in navi palea obtectus & ubi penetraverat obvios omnes trucidans donec arcis potiretur. Attributæ huic octo peditum centuriæ, turma una ductore Lamberto Verreiquio, cui toparchia Imda, pater Ludovicus Verreiquius consiliis Archiducum componendisque actis assiduus Audientiarii titulo, cujus labori atque industria Belgica non parum debet; hoc nomine quod duodecim annos bellorum malis liberos habuit, optando utrisque partibus rerum statu. Summa præsidii mille ducenti præter qui ex oppidanis manente obsidio asscripti sunt: tormenta sexdecim, vis magna in noxam oppugnantium Cibi ac frumenti quantum satis. Quod primum hostile vix tale quid expectantibus apparuit turmæ fuerunt Batavorum duæ, in quas statim Verreiquius cum suo equite erupit cœpitque pugnam, sed hostibus adventante subsidio retro cessit amisso adjutore Iohanne Waertio manu egregio. Terna Principi castra ponere visum: quorum quæ ad ortum assignata Comiti Ernesto Nassavio præfecto Frisiorum cis & uls Lavicam, quarum gentium proprio militi. Germani tunc ac Scoti sociabantur. Media inter austrum occasumque positu sedit Princeps ipse cum potissima copiarum parte, editiore illic solo. Tertia castra minora cæteris jussus curare Wilhelmus Nassavius Leccæ toparcha, idem classibus Hollandicis præpositus sub patruo Principe, quippe Mauritio ex femina nobili, sed extra conjugium genitus. Princeps certus urgere propositum, nequid avocamenti ingrueret, tribunum Pinsium Aam cujus peritiæ multum fidebat, cum triginta septem centuriis præsidere jubet supernis partibus inter Rhenum

Mosamqu-

OBSIDIO.

Mosamque: at ubi Vorenam insulam Mosa ambit, & quæ inferius sita cum copiis haud æque magnis tueri missus Varix itidem tribunus, cum mandato jungerent vires si forte hostis Emmerici, Resæ, Graviæ, Ravesteni aut Gennepæ aut alterius cujus oppidi obsidium moliretur. Provisum quoque ne qua limiti præsidia deessent, & ut è reipublicæ primoribus alii Zutfaniæ, alii Daventriæ curarent ut quæ exercitui necessaria subveherentur. Postridie quam ad oppidum ventum erat cœpta muniri castra ne præfectis quidem ac tribunis laborem defugientibus quo alacrior miles imitaretur. Itaque intra eum ipsum diem eo perducta sunt opera ut defendi quirent, & post magis magisque aucta in eam formam qua nulla unquam exactior fuit, ne sub Mauritio quidem qui cuncta lecta usquam aut visa in usum retulerat. Castella fieri cœpta conductis jam operis, ad arcendos hostis aditus, unum retro

Prin-

Castellum Anglorum.

Scala Castelli. Radius mensorius.

Diagramma orthographicum Castelli.

Scala mensoria diagrammatis orthog. Radius mensorius.

B

GROLLÆ

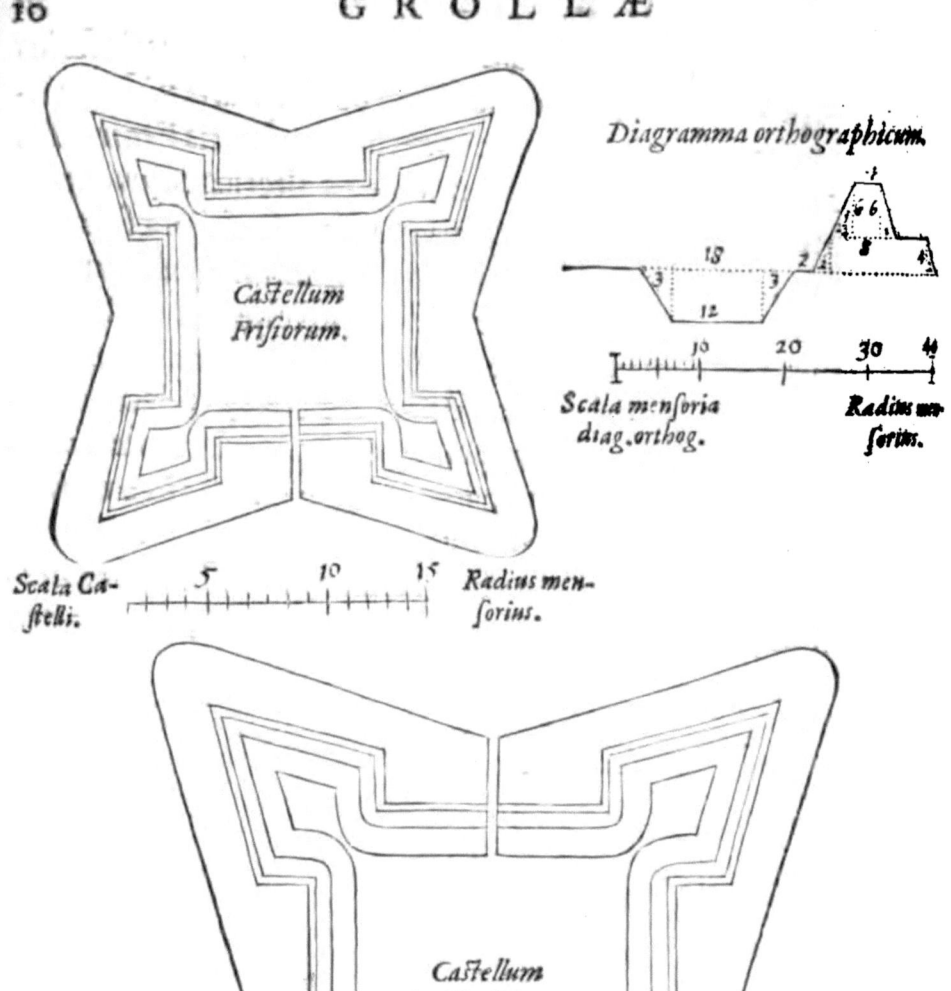

Castellum Frisiorum.

Diagramma orthographicum.

Scala mensoria diag. orthog. — *Radius mensorius.*

Scala Castelli. — *Radius mensorius.*

Castellum Hollandorum.

Scala Castelli. — *Radius mensorius.*

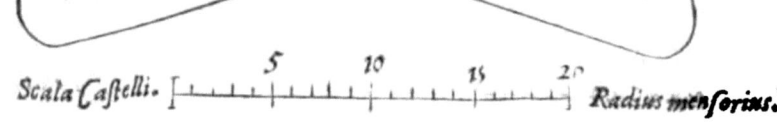

Diagramma orthographicum Castelli.

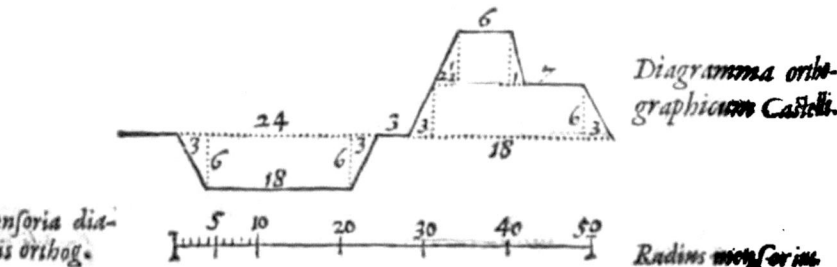

Scala mensoria diagrammatis orthog. — *Radius mensorius.*

OBSIDIO.

Typus orthographicus Castellorum in obsidio Grollæ.

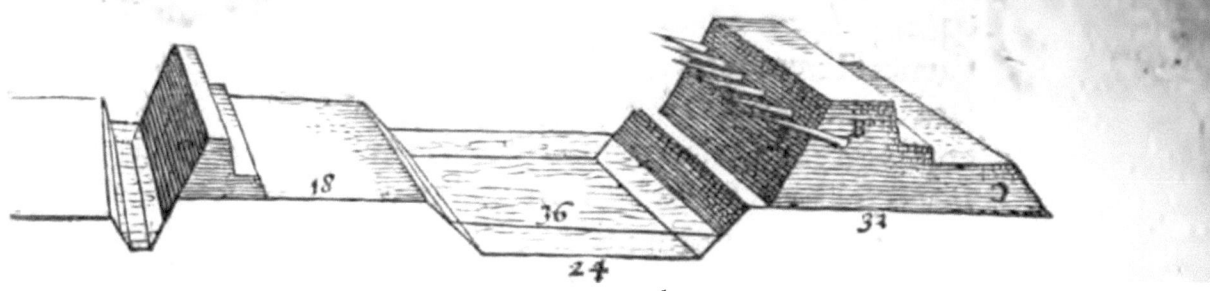

Principis castra, quo loco surgebat in jugum humus, oportunum hosti si præcepisset, & castris grave: duo alia inter hanc & Ernesti sedem: ab his ad eum locum qui Wilhelmo Nassavio attributus fuerat tria, quadrata ferme, sed quatuor propugnaculis prominentia. Præter hæc plures minores receptus militi, sed qui & ipsi tormenta haberent imposita: suæ castellis & receptibus fossæ & in fossis pali. Hæc omnia qui inter se connecteret agger perpetuus prope in orbem ducebatur. Quæ dum adversus vim externam parantur, non cessabant interim gnari talium aperire solum, ut tecto ad latera itinere & per artem sinuato, quo magis oppidanorum tela per obliquum evitarentur, tutius arreperetur oppido, una regione ex Ernesti castris, è Principis castris duabus, dextrorsum Anglis, sinistrorsum Gallis laborantibus, queis monstratores aderant Boschius & Percevalius. Nec piget Dulquius distribuere custodias, attollere loricas queis propugnacula & succinctum instituri velabantur, tuguriis tegulas detrahere ne telis concussæ tela & ipsæ fierent, globis glandibusque vulnera in hostem spargere, cuncta boni ducis obire munia dum valetudo tulit: quippe haud multo post ex tubo militari glande humerum trajectus afflicto corpore ita ut decumberet, convocatis centurionibus summam imperii Verreiquio tradidit, qui vicissim ipsum precatus est comiter, corporis refovendi primam ut curam duceret, si per eam liceret, ipse è cubiculo quæ facienda imperaret, se cuncta cum fide atque intrepide exsecuturum, haud vanus promisso. Is igitur modo multo die opera Anglorum, modo noctu Ernesti castra excursibus lacessebat, haud gravi in obsessores damno nisi quod quamvis egregios milites casus absumit, ut tunc Dromontium Scotorum vigiliis præfectum: sed in eam spem maxime ut obversis in pugnam oculis aliquis ex oppido nuntius ad Hispanicos duces perlaberetur. Quo minus crebro erumperet, avido talium militi sua paucitas obstabat: & jam ademptis in longinquum excursibus eques peditum officiis accedebat. Audiebatur interim Henricus Comes Herembergensis (is Principis Nassavii amita natus belli fato in partibus aliis boni ducis famam obtinebat) augere indies copias quæ ad Cæsariswartam, ut diximus, coire cœperant: quo magis sollicitus Princeps lectos tribunorum ad nocturnas vigilias & properandas munitiones mittit: duas turmas Zutfaniam ablegat quarum præsidio exercitus alimenta Lochemum usque aut Bercla amni ad Borqueloum portarentur quo ipsis obvia major è castris manus procederet. Ipse amnis ad eum usum purgatus, rescissique pontes per quos è Vesalia & aliunde hostium globi prædæ inhiantes cursabant. Ne famem hostis facere posset, primum quod imbellis ætatis aut sexus & quod præterea armis inutile jussum exire castris: tribunis ac centurionibus imperatum providerent ut militum cuique in octo dies victus emeretur dum facilis copia. Inter Principis ac Comitis Ernesti castra ac propius etiam qua parte fossorum opera ad oppidum procedebant erecta tribunalia è quorum fastigio machinæ mænium summa quaterent. Iam castris interjecta castella quinque in justam molem excreverant & continuo aggeri adjugabantur: ac ne qua speculæ deessent ultra quadratos receptus præducta aggeri & alia munimenta partim cunei, partim jugi jacentis in modum, quædam & fronte in forficem recedente quorum multus nunc usus: cornuta vocant. Et qua parte æquissima planities inter Wilhelmi & Ernesti castra fundebatur, ab aggere plusquam triginta pedum spatio nova præducebatur fossa in octo pedes patens, in sex declivis. Etiam quà facillima itinerum, repagula objecta & objices versatiles: alibi sudes præpilatæ: ipsisque castellorum fossis alius objectus agger quali oppida præcingi solent: & quæcunque circùm loca infensa esse castris poterant præsidiis machinisque infessa. Tanta erat cautio ne quà hostis gregatim perrumperet quem secundo Augusti die Rhenum transiisse celeres nuntii afferebant. A fossa oppidi devexus agger partim subrui, partim aperiri ab obsidentibus cœperat: nec obsessi eum defendere, parum utilem ingruentibus tuborum hostilium telis & parciore suorum numero quam ut externa tueri vacuum foret. Satis visum sudibus præmunire portas & pontes abrumpere. At Princeps cuncta impetendo oppido aut arcendis hostibus structa coram invisere, laudare gnavos, corrigere errantes, nihil

extra

OBSIDIO.

extra suam curam pati, immota inter tantos actus animi tranquillitate quam & vultus præferebat, mirantibus quotquot aspectarent. Slingæ aquis diximus impleri fossam oppidi: olim rectus oppidum perfluebat, sed quia torrentior interdum arradebat munitiones, Dulquius jam ante obsidium ad septentrionalia oppidi alveum illi duxerat, quo prælapsus mœnia infraque stagni in morem redundans septis duobus premeretur, quæ prout res exigeret aperiri possent, ut altero fossis aquarum quantum satis esset largiretur, altero, quod ab oppido longius, siquando nimius esset, efflueret. Hoc septum exterius Pudewelsius Principis prætoriam ducens rupit, & novo meatu à fossa oppidi depresso, aquam ad quinque ferme pedes subduxit novem restantibus quæ haud arduum implere. Intellecto Luppiam transgressum hostem, nec alio jam metu, Princeps Pinsium Aam Varicemque cum copiis ad se vocat, Lochemo quod in itinere erat custodiendo mittit cum centuriis quinque Didericum Biæum, filium Georgii Biæi ejus qui summam ærarii fœderatorum curam ab annis triginta & septem sanctitate & diligentia singulari administrabat, auctoritatem maximam non per artes & factiones sed solida virtute simulque rerum peritia consecutus: unde & ejus liberis apud Principem plurimus honos. Eidem oppido aucta quæ erant munimenta, adjecta nova lunata specie. Parte altera itineris vicus est Lichtefurtum, castrorum propinquitate facilis præsidio atque opere teneri si huc iter hostis vertisset. Repetita edicta de coemendo in octo dies commeatu & quæ suspectos atque inutiles castris arcerent. Dimissi in omnem partem qui cuncta hostium explorarent: attentæ excubiæ stantium, circumeuntium. Provisum fuerat ut in castris essent testus viginti coquendo pani, longi novem pedes, lati intus octo, alti supra pedem, qui universi unius diei noctisque spatio vicies octies mille & octingentas panis libras exhiberent. præterea in condito erant paulo minus quater centena millia librarum panis: farinæ supra ducentas triginta & quinque vehes quod maximum mensuræ genus: casei libræ quadragies octies mille: ingens copia, & quæ in multum temporis securum contra famem exercitum præstaret, etiamsi inter urbes unde commeatus adventabant, & castra medium se hostis interjiceret. Mutuæ interim cædes ac vulnera cum oppugnantes ex adverso fossæ margine, oppidani ex mænibus & quod maxime noxium ex succinctu tormentis intonarent. Sed

præcipue

præcipue infesti obsessis globi igniti: Punica mala militibus appellantur, eo quod simul cecidere rupti in multos quasi acinos sparguntur, facili ut quidque attigerint incendio. Horum majores libras pendebant centum sexaginta; minores sex & viginti. Ex majoribus centum sexaginta: minorum supra triginta in oppidum pervenere. Is metus obsessos adegit nitratum pulverem ne tactu conflagraret ex horreo publico subter basilicam transferre & trabes crassas imponere quæ fimo insuper atque humo integerentur. In homines pernities prostratis solo ut conspexerant corporibus vitata. Princeps hoc omne tempus quo hostis adventans exspectatur non dies tantum sed & noctes intentus egit, cuncta obambulans, nec castella tantum, sed & siquid intra aggerem editum machinis instruens quæ extrorsum verterentur, equestres quoque excubias ad omnes aditus locans. Ad Ernesto sita pervectus, solo humili atque uliginoso, videt imminentem castris celsiorem locum quem hosti utilem prævidens forficato opere muniri jubet, attolli quoque & solidari castrorum aggerem, & quia pro copiis laxius sumtum spatium fuerat alia introrsum duci munimenta, subsidio si prima cessissent. Ita cautum ne aut isthac perrumperet hostis ad obsessos aut præ globis desuper ingruentibus teneri locus nequiret. Pinsio Aæ & Varici qui jam advenerant seorsim suæ datæ sedes quà interjectus Wilhelmi & Ernesti castris agger planissima camporum prospectabat, facilem hosti viam & olim ipsi prosperam. Nec alià Herembergensis advênit transitoque vico Vreda ibi conquievit, spatium inter se atque hostis opera relinquens quantum sesquihora confici posset, auctus inter eundum Germanicarum cohortium supplementis ad mille octingentos, haud equite minus quam pedite Principis copias superans quanquam ex Palatinatu & Rheno adsitis adventare cohortes ac turmas falsa ipsi spes fuit. Turmas habebat septuaginta sexagenum & amplius militum: centurias peditum centum quinquaginta octo nonagenarias fermè. Castella duo præcipuæ magnitudinis in eadem erant aggeris parte, alterum ad septentrionem, alterum quà magis in ortum flectitur. Illuc se Princeps cum quadraginta quinque peditum centuriis, parte equitatus, machinis sex, huc Ernestus vertêre: præterea intra ambitum locatæ alæ equitum iis intervallis ut facile inter ipsas auxilium esset; aliis locis disposita peditum quater millenorum agmina itura quo traxisset necessitas.

OBSIDIO.

necessitas. Geminatæ noctu in castellis & pro aggere qua maxime hostis timebatur excubiæ, & suspecto ne ille hîc se ostentans alibi viam quæreret, pons apud Winterswicum quo amnis transitur rumpi jussus. Ducis alacritatem miles secutus nunquam volentior duplicatos labores ac pericula pertulit: nec questus ulli auditi nisi si cui minora quam cæteris delegabantur. Tribuni quantum imperio tantum labore ante alios, vigilandæ noctes, sive urgenda fodientium diligentia erat, quos inter eminebat Brederodius incorruptam nobilitatem ad auctores sanguinis Hollandiæ Principes referens. At Herembergensis primum quidem adversus nocturnos impetus in limite illic reperto qui agros terminaret aggerem leviter excitans frontem sibi munit. Postridie clara luce propius in tumulum quendam cum turmis aliquot procedit, displosisque machinis adesse auxilium obsessis significat. Eo peracto recipit se. Videbat Princeps omnem spem obtinendi propositi in duobus esse positam, ne quid externo hosti pervium foret & ut contra oppidum opera quantum poterat celerarentur. Quare aggerem primùm, ad lævum latus castrorum Wilhelmi, necnon ad dextrum quà maximum discrimen, deinde & quæ se inter & Ernestum jacebant

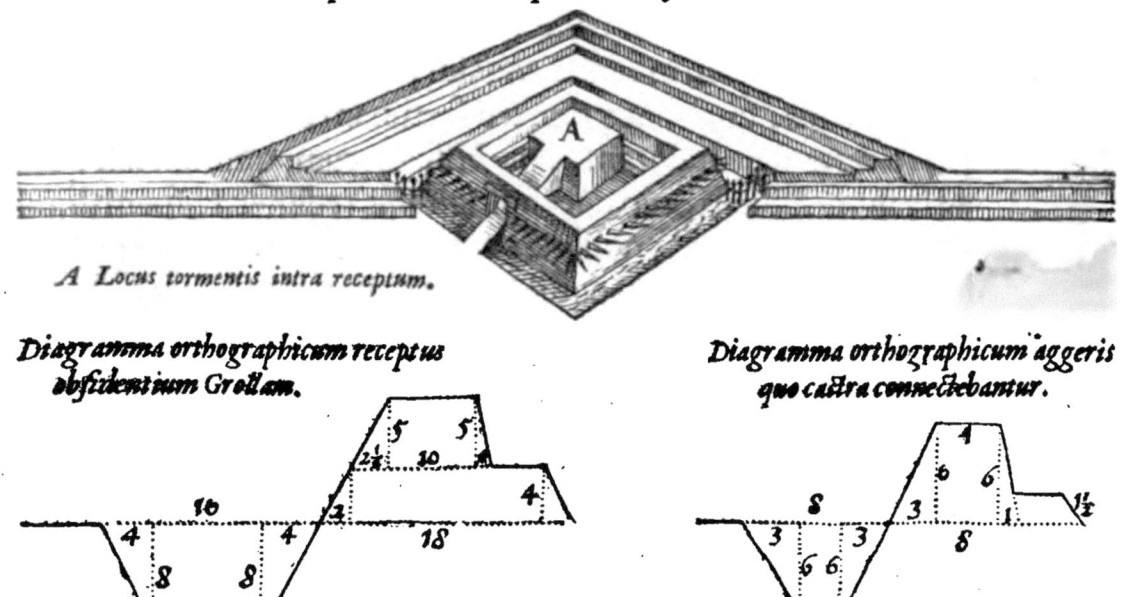

Receptus annexo aggere qui castris interjacebat. Simulque agger qualis & receptibus & castellis pro obtentu fuit.

A Locus tormentis intra receptum.

Diagramma orthographicum receptus obsidentium Grollam.

Diagramma orthographicum aggeris quo castra connectebantur.

Pedes. Pedes.

jacebant attollit: addit plures receptus & ipsis receptibus obducit alia munimenta. Adversus oppidum ex Ernesti regione machinæ crebris ictibus loricam succinctus lacerabant quæ viginti quatuor in pedes patens siquid à fronte perdiderat indefesso obsessi militis labore retro reparabat. Procedebant & vineæ ita ut Gallis Anglisque pars tantum tertia fossæ implenda restaret, cum Verreiquius succinctum duabus armat machinis ruptisque operibus missili igne urit tigna & fasces queis validis ac densis latus utrumque obseptum. Oppugnantes refectis quæ ruerant adversus certiora ex succinctu tela aucto tandem suorum tormentorum numero superiores fuere. Non tamen sine damno id abiit desideratis Anglorum eximiis Ramo & Proudo, quorum hic Morgani tribuni absentis locum implebat, ille excubiis præerat. Interim & Herembergensis consilia partim res ipsa, partim interceptæ literæ, partim captivi, qui plurimi quotidie ob laxatam penuria stipendii disciplinam, aperuere. Videbat nec eum sibi hostem qui prælii metu loco cederet, & firmiora opera quam ut vi mera oppugnarentur. Agitaverat ex Marchionis Spinolæ consilio medium se locare inter Zutfaniam & hostem avertendis commeatibus: sed ipsi quantum cibi satis ad alendum exercitum datum non erat, nec propius quam à Vesalia idque magnis præsidiis haberi poterat. currus quoque ipsi deerant: & cum validam manum è castris Nassavianis Zutfaniam ivisse intellexisset alimenta reducturam, spe capta posse eam in reditu concidi, ac sic animum ipsis minui, addi obsessis, quominus tentare fortunam posset impeditus fuit pravo certamine Italorum atque Hispanorum, quorum illi, quod ad se more militari ordo ducendi agminis rediisset, Hispani dominatus jure, primas sibi quisque partes poscebant, nec aut rationibus aut precibus perduci potuerant ut omitterent intempestivum dissidium, eo provectis animis ut Campolaterrius Italicæ tribunus missionem flagitaret. Quod postremum erat ut alibi vi ostentata aliâ interim per minùs custodita subsidium oppido penetraret tentatum, sed successus abfuit. Nam & qui novum illud munimentum quod Ernesti castris obtentum diximus per noctem in dextrum cornu impetierant, palisque evulsis aut abscisis jam hastis rem agere cæperant non minus fortiter quam insilierant repulsi, Scotorum maxime virtute, quos inter Morræi insignis ea die opera fuit nec Principi inhonorata: & qui interim nudam partem

partem aliquam inter duo maxima castella reperturos se speraverant, cuncta operibus, excubiis, machinis obsepta invenêre. Princeps audito periculo Ernesti castrorum, ipse eo cum milite ad omnem motum parato & sex machinis occurrit, sua interim Wytsio commendans qui excubiis præfectus munus difficile strenuo non minus quam pervigili animo implebat. Egressus iisdem castris Horatius Verius spectatissima virtute, & plurimis stipendiis Anglorum ductor ignium indicio monitus imminere periculum qua parte Pinsius Aa curabat, eo se verterat. Vtrumque discrimen dies ortus discussit. Decimo septimo Augusti die, ab Anglorum Gallorumque parte, quibus insita inter se æmulatio officii incitamentum erat, quicquid fossæ restabat impleto, cuniculi subter succinctum fodi cœpere: & columba inter volandum ab aucupe milite dejecta, quæ Herembergensis literas ad obsessos ferebat, rogans aliquem mitterent significaturum quæ ipsis opus essent, qua regione transmitti auxilium posset, & si id minus succederet, saltem igne nocturno, fumo per diem intermisso ac repetito indicarent quot in dies durare vim obsidentium possent. se adhuc aliquid virium exspectare quo adepto omnia tentaturum ne ipsos deserat. Columbam hanc & cum hac alteram miles ex oppido per tenebras forte vigilum diligentiam elapsus ad Herembergensem tulerat, eodem unde venerat haud dubie remeaturam quando pullitiem illic habebat. Et hæc quidem ars caruerat eventu, at miles quidam ab Herembergensi furtim in oppidum pervênit, spem auxilii adferens, qua usus Verreiquius impulit suos nequid intentatum relinquerent. Ne cuniculos hostium contrariis suffossionibus corrumperet, deerant ei talium artifices: ignitis quæ manu jacerentur missilibus non parum nocuit. at qui noctu degressi succinctu ut fossores hostium caperent aut opera disturbarent, tam quà Angli quam quà Galli curabant, visi repulsique. Bis quoque per tenebras ponte qui interdiu rumpebatur trecentis comitantibus exiit Verreiquius obviam auxilio si forte adventaret: quo frustra exspectato in latebrosa itinera quibus ad oppidum Ernesti miles accedebat impetum fecit ut non improspere nimitad summam rei inutilem. Erat inter tribunos Altirivius Castellinovani filius ejus qui rarum aulis, ad ætatem ultimam inoffensis honoribus perductis hoc ipso in consilio regis Galliæ eminebat. Is tum Gallis dux erat, quia Castellionæum, cui in ejus gentis mili-

C tem

tem summa imperii, Marescalli dignitate Gallia attinebat. Per hunc Princeps antequam ad vim veniretur tentari obsessorum animos jubet: quippe irritam ab Herembergensi spem qui castra nequicquam oppugnasset: at ipsis impleta quæ fides ac virtus suadebant: nunc paratam pernitiem ni pacta mallent. Dulquius ad se relato, respondit fortiter & tanquam longe periculum. Quare medio jam die (is erat decimus octavus Augusti) incensus cuniculus quem Angli fecerant partem succinctus disjecit: nec tamen quæ patuerunt obsessores tenuere, partim missilibus, partim pugnando ter dejecti, accedente incommodo quod supra vineas transitus nondum satis erat complanatus. In eo certamine glande ictus finem vitæ implevit Wilhelmus Lovelacius magnus animi nec minore peritia inter Anglorum ductores. Nec movit periculum Principem quominus ipse dum pugnatur jubendis quæ opus assisteret in viis intestinis quæ ad fossam oppidi ferebant. Hinc digredienti ad Gallorum opera fidus comes Wilhelmus Nassavius glande ex muenibus jacta tempus transigitur, mortifero vulnere, adolescens à quo expectari maxima potuerant si Martios animi impetus ætas veniens judicio percoxisset. Inter obsessos dum cuncta properantur per incuriam militis in duo pulveris nitrati dolia illapsus ignis vi illa qua nihil non concutit adstantium quadraginta abstulit aut ambussit. Neque multo post ire interpellante Aldrivio expendit cum suorum consilio Dulquius ventum subter mœnia, sibi haud nimium telorum, nec satis militis ad sustinenda prælia quæ tribus ex partibus imminebant: frustraque orato ut ad Herembergensem mittere liceret, per inducias breves & mutuos obsides venit ad pacta Bredanis haud abscedentia, quæ Principi ac Dulquio signata postridie, impleta die tertio. Non aliæ noctes intensioribus per castra vigiliis actæ: eques in armis & pars magna peditum nequa fraus subesset, etiam speculatores in omnem partem emissi. Oppidum habitantibus concessæ leges ac jura vetera, & ne qui exiret, quique ingrederetur miles noxæ cuiquam damnove esset: integrum ipsis à Rege Hispaniæ jus per agros commeandi impetrare de cætero sub imperio Fœderatorum agentibus: migrare volentibus res suas sine onere intra anni tempus permissum educere. Antistiti intra duos menses cum rebus liber exitus. Antistes is erat Philippus Rovenius, titulo quidem Philippensium se archiepiscopum ferens,

reipsa

reipsa Pontificis Romani jussu sacrorum inspector per Batavos quæque ejusdem federis & siqua eorumdem locorum sub Hispanica imperia redierant. Hanc ille dignitatem ortu modicus Daventria ex oppido sed studiis clarus amicitiæ Iansonii debebat qui Lovanii sacras professus literas nec moribus dispar egit. Ejusdem hic institutione animatus adversus novas societates Episcoporum obsequia exuentes jus suum retinere certavit. Cæteris Sacerdotibus & vitæ monasticæ destinatis sacratisque virginibus data optio intra oppidum manendi aut alibi larem figendi in pacato solo, incolumi fructu bonorum quæ talibus functionibus attributa : ac ne cui intra hunc diem sacra peregisse fraudi foret. Præsidium ita ut convenerat exiit cum equis, armis, signis, machinis duabus & quæ ad earum usum opus. captivi utrinque permutati nullo pretio nisi ejus quod alendis impensum fuerat. Quæ Regis Hispaniæ fuerant in belli usus aut victum condita, tradita his quibus id negotium Princeps dederat, retinente Dulquio quæ horum ipse ære suo paraverat. Præsidium exituris à Principe & ducenti currus ferendis sarcinis, etiam siquid prædæ manente præsidio aut ante pepererant, donec ad Herembergensis castra pervenissent : ægris haud negatum manere in oppido donec perducta ad sanitatem vulnera & morbi. Etiam regis Hispaniæ actoribus cautum sua privata ut salva haberent & duos menses ad transigenda per agros negotia. Fides cunctis impleta & spectare ipse Princeps voluit per sua munimenta transeuntes. centum ferme expleta mortalitate desiderabantur : saucii aliquanto plures. Neque Herembergensis ultra diem sequentem distulit amoliri exercitum nihil ultra sperantem. Principi Henrico ingresso oppidum bis improsperi illic fratris ausus gloriam addidere. Notabant militarium gnari nunquam antehac fodiendo captum oppidum cui succinctus esset incredibile quanta aggeri tutela : neque exemplum esse apud nos superatæ urbis nisi cui aut juxta amnis qui tuto alimenta ferret obsidentibus aut longe hostis qui impediret. Rerum externarum gnari mirabantur angustis finibus rempublicam & suis sociorumque conatibus prope exhaustam id habuisse virium, dum reges quique alii suam quoque rem in ipsius salute verti sæpe testati fuerant, Austriacæ domus stupendæ felicitati aut succumbunt, aut ejus spectatores sedent, partim inter se discordes, quin & in arma effusi alienum negotium suo

sumtu

sumtu gerunt. Neque tamen avidus fruendæ gloriæ Princeps aulam & conventus properus repetiit: sed inhæsit loco per dies ferme triginta cavens quæ suspecta, sua in melius augens. Prima die Dominica templum jure victoriæ Protestantium cætui datum, cui Princeps interfuit. Oppidi custodiam initio prætoriani habuere: mox in eorum locum tres centuriæ submissæ & Stirumbio regimen datum. Nequid ad Rheni ripam hostis moliretur jussus eo Pinsius Aa rapere septemdecim centurias. Impletis itineribus quæ cavata in oppidum tulerant, demptisque vineis, agger qui Grollam tuebatur, qua globi labefecerant, reparatus. at is qui inter castra castellaque, solo æquatus & siquid munitionum ultra. vigiliarum quoque mitigatus paulatim labor: cum ecce tota turma septuaginta equitum, quos tubi majores armabant sub Roberto Ecrio ab Hispanis partibus ad Principem transit. Partem se alæ Cratsianæ ferebant, & Imperatori conscriptos, nullo adhuc dicto sacramento precibus Herembergensis annuisse ut expeditioni socios se adderent: sed cum exspectato ut stipendium acciperent, ascriberenturque numeris neutrum obtinuissent, antequam inopia difflueret corpus, quæsivisse locum operæ ac mercedis. Proxima cura purgare fossas, cuncta bello aut victui necessaria Grollam, Brefurtum quoque (id in proximo oppidum est juris Federatorum) inferri curare. Inter hæc Dudlejus Carletonius regis Britannorum legatus venit ad Principem gratulationis officio functurus: exceptusque multo honore ut socii regis mandata perferens. sed Gallorum potissimi animos atque ora averterant, infensi quod Retam insulam Dux Bucquingamus Anglorum classe & exercitu insedisset suscepta Rupellanorum pridem regi Galliæ male parentium causa. alii, etiam inter Gallos, religionis studio excusare talia soliti, rerum aspera interpretando leniebant. Festinaverat Princeps ante Carletonii adventum centuriatum agere quo precibus gratiæque exemtus liberiore arbitrio petentium merita pensaret. Groningæ præmetuens Princeps præsidium ejus urbis auxit: & partem equitum misit ad speculanda hostium castra qui haud longe Lochemum & Zutfaniam inter federant. Fecit tantundem Herembergensis atque etiam insidias occultavit quà venturus eques Nassavianus sperabatur: frustra omnia, tam æquali ducum cura ut neutri in alterum pateret occasio. Machinæ è castris Grollam importatæ, additæ præsidio

quatuor

quatuor centuriæ & turmæ insuper duæ. quot erant aggeris propugnacula totidem intra ipsam oppidi fossam positæ munitiones, prætentæque illis spatiis quæ à propugnaculis vacabant, æquis primum lateribus, deinde paulatim in cuneum coeuntes. Lingam ne iretur partim anni tempestas obstabat, procedente autumno, partim Herembergensis provisus qui acceptam jam alimentorum copiam & quæ tuendis oppidis solita, militem quoque firmo cum præsidio ne interciperentur ire illuc imperaverat. Iam post operum cætera castellis quoque & castris dirutis & præmissis navigiis quæ ægros, quæ sarcinas ferrent, Zutfaniam pedestri itinere perductum exercitum Princeps non tamen in longinqua dividit, sed per præsidia quæ Rheno aut Isalæ adsita. Nam Herembergensis retinens copias apud Rasveltum morabatur qua se parte incipit ostendere Isala, tenuis diu donec inferius paulo increscit vetusto Drusi opere acceptis è Rheno aquis. Octobri mense Zutfania digressus Princeps Arnhemum Velaviæ caput, unde Geldriæ regimen, inde Hagam Hollandiæ & communis Federatorum imperii sedem, curam transfert ad ea quæ tum hosti ad Scaldim parabantur. Is amnis apud Veromanduos ortus Cameracum transit, factusque apud Valentinianas navium patiens Scarpa admixto auctior flexo magis in septentrionem cursu Tornacum Aldenardamque Flandriæ urbes adit, inde Gandavi multis simul receptis aquis, præcipuis Lisia Liviaque in ortum se vertens Tenerimundæ ac Rupelmundæ sua dat nomina inde quod Tenera Rupelaque amnes iis in locis majori se infundunt. Tot auxiliis inclitus Antverpiam ditissimam quondam urbem & nunc quoque veteris fortunæ vestigia retinentem dexter allabitur: neque longe duobus Batavorum castellis quasi claustris premitur, quorum quod in Brabantica ripa Lilloo habet nomen, portu quondam adibatur quo nunc oblimato habetur firmius, alteri in Flandriæ ora Lisquenshouco vocabulum est. Huc usque continuus est Scaldis, qui mox inter Santflitam Brabantiæ, Saftingum Flandriæ vicos scindi incipit, unoque alveo nomen retinens, & in conspectu Bergarum ad Zomam septem horarum itinere ab Antverpia, accepto Zoma qui oppido illi nomen dedit, provectus inde longius, Zelandiam dividit in eam quæ ad occidentem Scaldis dicitur in qua Walachria insula Middelburgo, Flissinga, Veria oppidis nota & Bevelandia septentrionalis australisque, & eam quæ ad orientem Scaldis, in qua præcipua insula ab ipso flumine nomen habens Scaldia cui oppidum Zirixæa, tum minores aliæ. Est alius ad lævam alveus cui Honta nomen Ottonum Imperatorum quondam opus, angustum olim ut veteribus documentis constat, sed quod late aperuit & sinum sibi fecit invectus Oceanus. Is Bevelandiam australem cui caput Goesa, deinde Walachriam à Flandria dispescit. Dextro latere paulo infra Bergas ad Zomam alius rursum alveus Vosmarii habet nomen & Tolæ Zelandorum insulæ in qua oppidum cognomine dextra prælapsus Flaccæo, is maris sinus est ingentes continens Hollandici imperii insulas Vornensibus quondam Puttenisque toparchis infessas, infunditur. Totum hunc ego tractum à Flandria ad ea usque Hollandiæ quæ Mosam ultra sunt perpetuas fuisse terras, argumento habeo æqualem oræ utriusque littoris procursum si non respicias interfusum mare, & quod Romanorum nulli insulæ illic memorantur. Quantum tam longi temporis vices mutare potuerint, documento sunt memoriæ nostræ propiora, ex queis discimus plurima terrarum diluvio mersa, rupta quæ cohæserant, alibi revecto per æstus quem amnes detulerant limo terras aut emersisse novas aut veteres redditas, annitente hominum ingenio varia per opera quæ cænum detinerent, aquas excluderent exhaurirentque, non alterius uspiam populi majore ad has res industria. Nec sæcula tantum, sed anni, menses, dies faciem mutant prout amnes se huc aut illuc torsere, prout æstuum impetus aut status aut ventis excitus eminentia operuit, aut latentia nudavit. multæ ubique præter illas notas minores insulæ, multa brevia, multa quæ dubites utro nomine appelles incerti juris ut accessit aut abiit mare cujus vices Scaldis Gandavo tenus sentit. Germanos Zelandias quondam insulas quasvis dixisse reperio: postquam plures in unum imperium coaluere quod singularum fuerat proprium, corporis factum est, maxime ex quo expulsis Flandris qui Walachriam & proxima sibi vindicaverant victores Hollandiæ Comites, distincto jure ac peculiari Comitatus titulo has terras tenuere. Zelandorum pars primis in Albanum motibus Hollandis se junxerat, initio à Flissinga, cui alia sponte accessere, Middelburgum fame coactum. Gens mari valida magnisque præliis consecuta ut non alias magis Hispani timerent, donec sub Requesenio Zirixæa in regis potestatem redacta res arctas fecerat, ni Hispani

per

militum pauci emissi oppido humenti extra aggerem solo ostentantes, & in ipso aggere vexilla quibus ad publicas vo-
tes indigenæ uti solent, pro signis militaribus collocata, fal-
lgine verum metum fecere. Interim conciti plures festina-

bant, nullo religionis discrimine, cum Romanensibus plena sit
regio, communi cunctis sua defendere. Queis illi visis, cum se
scaphis reddidissent, apud Rillandiam unam ex minoribus insulis
exspectant æstus qui hærentes levaret reditum, & proprio Scaldis alveo subvecti insulam advenere modicam & tantum pecori
nec multo pascendo utilem, proxime sub eum locum in quo Scaldis Hontæque divortium esse diximus. Hogewervæ huic insulæ
nomen est, cujus parte dextera quod fluit Scaldis Aggeram, altera Cromflitam vocant. Hic quarto Augusti die castellum excitavere, mox & propius Aggeram receptum quo trajectus muniretur, initia premendi undique Lilloi. Navis Zelandorum quæ
unica illic præsidio erat in transvectos haud multum noxæ dederat dum proni procumbunt: scaphas tantum rapuerat quatuor, hominum inanes, refertas ferramentis. Plures naves è
Zelandia submissas machinæ è Brabantica ripa atque insula retro egere. Sed quæ pro Berga ad Zomam excubare jussæ facile
locum tenuerunt. Simul Santflitæ castellum magna mole ac specie (propugnacula ei septem destinabantur) aggeri veteri qui firma terrarum ab alluvionibus dividit adsitum, aliaque in itinere
Antverpiam, partim in quæ diximus consilia, partim continendis militum excursibus è Bergis ad Zomam & parandis quæ utilia siquando ejus oppidi obsidium placeret: quo fine & fossa duci
cœpit à castello Crucis quod non longe Antverpia est, Stabroucum ac porro Santflitam versus qua commeatus tuto ac levi impensa transirent. Sed hos conatus & fortuita & hostium molitiones haud parum turbavere. Nam primùm Octobris secundo die
in Santflitiana munitione improvisus ignis tuguria & quicquid
flammam alere natum inerat absumsit. Infra Lilloum æstuaria
complura ex Scaldi introrsum fusa alluviones varie interrumpunt.
proximum ex his Blaugarium dicitur, unde agger novus ad Lilloum pertingit. In eo aggere & inter æstuaria Batavi cuncta munimentis implent, quo & hostem arcerent & amni latius incumberent. Quod imitatus hostis & ipse in ultima ora quæ Santflitæ
objacet, ubi æstuarium Stofa nomine castellum locat: sed & huic
& cæteris Hispanorum operibus, ipsi etiam aggeri veteri qua
Stabroucum fert multum nocuere fluctus, præcipiti jam anno
violentiores. Ac Princeps cuncta quæ ibi gerebantur edoctus
insulam quæ maxima inter Stofam ac Blaugariam æstuariis circumfusa

OBSIDIO.

...mfusa amni imminet justo castello cui propugnacula quatuor
...intra fossam munitiones duæ occupari & propius recepto flu-
...ine contrahi ejus spatium ac militari aggere ambiri jubet. Im-
...rio successus adfuit, quanquam qui Santflitam magnis cum
...piis tenebant & tormentorum jactu & præliis operi intentos
...cursabant. Interim de impediendo Bergarum ad Zomam ob-
...io, si forte hostis moliretur, acriter consultatum. Nec quic-
...am melius succurrit quam tres paludes quæ Stenbergam aliud
... septentriones Brabantiæ oppidum Federatorum juris inter-
...cent, fossa conjungere: & terna, qua maxime suspecti aditus
...nere castella: septum præterea immunire, quod sub mœnia
...enbergæ situm exteriora agri ex Flita (id nomen ad Stenber-
...am alveo est) immissis aquis stagni in speciem verteret. Nam
...æ austro obversa oppidi & portus Scaldim usque egregia ex-
...a vallum munimenta, inde castellum satis defendunt. Illi operi
...choando, quando nullum hyeme periculum, insequens annus
...spectabatur.

FINIS.

Tabulæ ponantur hoc modo.

Fossa quæ à Rheno ad Mosam. inter pag. 4 & 5.
Zutphania Comitatus. inter pag. 6 & 7.
Grolla obsessa. inter pag. 8 & 9.
Tabula Castelli ad Santflitam. inter pag. 22 & 23.
Tabula Bergarum ad Zomam, Stenbergæ, & novorum ibi operum. inter pag. 24 ⟨6⟩

Printed by Libri Plureos GmbH in Hamburg, Germany